2 0 1 2

中国企业健康指数报告

2012 Index for Healthy China Business

吴晓波 袁 岳 冯 晞 著

ZHEJIANG UNIVERSITY PRESS
浙江大学出版社

图书在版编目(CIP)数据

2012中国企业健康指数报告/吴晓波,袁岳,冯晞著.
—杭州:浙江大学出版社,2012.5
ISBN 978-7-308-09889-2

Ⅰ.①2… Ⅱ.①吴… ②袁… ③冯… Ⅲ.企业经济—经济发展—研究报告—中国—2012 Ⅳ.①F279.2

中国版本图书馆CIP数据核字(2012)第072029号

2012中国企业健康指数报告

吴晓波 袁 岳 冯 晞 著

责任编辑 樊晓燕
出版发行 浙江大学出版社
(杭州市天目山路148号 邮政编码310007)
(网址:http://www.zjupress.com)
排　　版 杭州大漠照排印刷有限公司
印　　刷 杭州富春印务有限公司
开　　本 710mm×1000mm 1/16
印　　张 4.25
字　　数 62千
版 印 次 2012年5月第1版 2012年5月第1次印刷
书　　号 ISBN 978-7-308-09889-2
定　　价 25.00元

浙江大学出版社发行部邮购电话(0571)88925591

目　录

CONTENT

序言一
FOREWORDS 1

培养引领中国未来发展的健康力量

吴晓波教授　　浙江大学管理学院院长

在中国崛起的波澜壮阔的大潮中，有这样一个不屈不挠、搏击于全球市场经济洪流之中、屹立于激越澎湃的浊浪潮头、相信竞争、善于竞争、勇担责任的企业群体倔强地成长着。正是这样一支健康的力量造就了中国奇迹！

肩负着培养具备国际视野、创新能力、创业精神、社会责任的优秀管理人才的历史使命，浙江大学管理学院的愿景就是成为塑造新时期中国企业家精神的新引擎。而面对转型升级中举步维艰，乃至尘嚣纷乱的现实，我常常陷入沉思：该如何实现这个愿景呢？

首先，愿景的追求与实现需要精神的力量，这种力量指引和激励着企业家的成长，这种过程同时也充满了磨砺和痛苦。精神之痛往往源自理想与现实的碰撞，然而理想与现实、追求与结果是有落差的，这些落差可以从发生在我们身边的现象反思、寻根。为什么有那么多企业家羡慕金融家和资本家呢？为什么实体经济总是举步维艰、融资困难，却又难抵诱惑，纷纷跨界投资股市和地产呢？为什么有不少创业者在创业初期就津津乐道于筹划上市和圈钱变现呢？为数众多的微博博主的言论为何总是充满了火药味和缺少建设性的思考谏言呢？企业与政府之间的关系为何如此微妙而缺乏可持续性呢？而为什么又有那么一支企业家群体、企业群体能够在这众人悲观、抱怨、乃至绝望的环境中巍然崛起呢？

究其原因，我们比任何时候都需要一支引领中国经济与社会可持续发展的企业健康力量。而培养引领中国未来发展的健康力量，正是浙江大学管理学院一直秉承的理念和追求。

在这里，作为一次开拓性的尝试，浙江大学管理学院联手零点前进策略公司完成的《2012中国企业健康指数报告》，第一次提出了描述中国企业健康力量现状的“三九理论”和指标体系。从企业家精神、企业行为和商业环境三个维度，总结提炼了中国企业健康发展的九个核心元素：创新力、创业力、领导力、竞争力、合规力、责任力、市场力、服务力与包容力。它提示了我国从市场经济中崛起的企业力量从精神到行动、从行动到环境的辩证关系，它揭示了我们致力于发展的健康力量所需要的素养和环境，它指出了企业家们改善心智模式、政治家们创新环境政策的方向。我们亦真诚期待这个关于企业健康力量发展的系统研究能够引起更多的人来关注、支持和讨论。让我们共同为中国未来发展的健康力量做出贡献。

中国企业健康力量得以健康成长的钥匙在每一位中国劳动者、在每一位中国企业家、在每一位中国政治家、在每一位中国公民的手中。引领中国未来发展的健康力量取决于每把钥匙所开启的健康的企业家精神、健康的企业行为和健康的市场环境，它致力于企业、市场、政府、社会的和谐发展！

序言二
FOREWORDS 2

健康企业力量的可贵

袁岳博士　零点研究咨询集团董事长

有人说今天市场化的力量才代表植根于社会的力量，是会自动寻找机会与发展压力的力量，是相对健康的力量；但是也有人说，今天的商界充满了投资、特权、暴发和浮躁、炫富的倾向，是存在着严重的不健康成分的社会力量。有人说，正因为基于市场机制，所以即使存在着不健康的成分，由于工商社会具有自我清洁与淘汰更换的内在生命，因此具有不断进化而趋于健康的能量；也有人说，无奸不商，权钱勾结下的中国工商社会已经成为缺少提升自觉、唯利是图的名利场，所以也成为公众仇富的自然对象。改革开放30多年来的中国，无论是成长与挫折、健康与负面，人们都能把工商社会拿出来说事。

这首先说明今天的工商社会已经形成了相当的力量，它依然与政治力量之间存在着明显的关联，但也显示出了自己某种相对独立的社会能量。未来的企业健康力量的发展需要取决于但不限于以下关键元素的发育：一是一股依然有发展动力但是超越了不择手段的发展阶段的良性企业群体；二是一群超越了财富欲望而开始寻求生命意义的企业家；三是一种扎根经济发展但乐于推动社会基础建设有新的成长的建设精神；四是共同建设一套制度体系与环境力量，它具有约束与规范工商与社会多种力量的功能；五是形成了帮助已经成型的生产力稳定有效地传承的程序模式。

当然,探寻中国企业健康力量的构成与如何得以实现的路径,无疑在我们今天的工商社会中具有重大的意义。因为持续多年的发展已经让我们具备了承受某种反思与提升的力量,人们已经感受到企业力量健康化的必要,但同时却很少有人觉得这是一件具有实操性的事，如果有人去做也难免被大家看成并无实际意义的事——因为社会就这样,你又能怎么样?这样的一种无力感,大大阻碍了人们去追寻、发掘与壮大中国企业健康力量的努力。是的,我们知道很多看起来正当的商业口号是虚伪与表象,但是我们是不是说中国的工商社会就不存在或者没有这样一种追寻健康化的内在力量呢?或者说我们是不是有必要在发掘的基础上光大某些我们内心深深认同的健康的价值体系呢?

浙江大学管理学院与零点前进策略公司所做的对于中国企业健康力量话题的破解与探寻,立足于面对这样一个有价值而鲜少推动的议题,在一个有急迫感的社会议题上寻找切入点与思维建构的机会。其近则可用于完善与优化我们的教育体系，远则可以用于推动有内在善意的商业力量汇小流而成大江。

核心发现

KEY FINDINGS

核心发现一

KEY FINDING 1

“三九理论”从三个维度、九个元素第一次科学、系统地创建了一套评估企业健康生态的系统理论和指标体系。

提 要
Summary

中国企业健康的“三九理论”亦称为“三九企业健康生态系统理论”。其中“三”指从 企业家精神、企业行为和商业环境三个维度入手分析企业的健康状况;“九” 指衡量企业的九个健康元素,即创新力、创业力、领导力、竞争力、合规力、责任力、市场力、服务力和包容力。这是迄今为止对中国企业健康最为科学、系统、权威的一套评估指标体系。

研究结论显示,中国企业总体健康得分56.05,属于初级健康阶段。这个结论与经过30多年快轨运行的中国特色的经济模式相吻合:突飞猛进, 成绩斐然, 创造奇迹,但同时也为环境和资源付出了沉重的代价。深化改革开放与商业环境的平衡发展遭遇了前所未有的健康挑战,导致中国企业的整体健康水平偏低。这既是挑战,也是机遇;既不能悲观失望,也不能盲目乐观;既要有自知之明,也要旁观者清。战胜困难和取得成功的关键取决于培养引领中国未来发展的健康力量。

三九理论

核心发现二

KEY FINDING 2

"健康三明治"首次提出人、企业、环境三者之间的相互影响和相互制约规则，利用杠杆和撬动原理促进企业的健康发展。

提 要
Summary

在企业家精神、企业行为和商业环境的三个维度分析中，企业家精神得分最高为61.01，而商业环境得分最低为50.47。三个维度得分的高低对比是对中国企业的健康现状进行了一个真实形象的三维扫描，可以比喻为中国企业的“健康三明治”：上层是人的因素，夹层是企业因素，下层是环境因素。

健康三明治

企业家自我范畴之内的商业运作可控性强，灵活性高，调整性好，所以在三个维度中的得分高居榜首。企业行为则两面受压，正负压力都有。上层正压加大，企业健康指标就会上升；反之，如果上层正压加大，下层环境负压超过上层的正压，企业健康指标就会下降。上下两层相互和谐与相互推动的环境底压双向高启，亦会促使企业健康指数全面上升。企业的行为既受上层个人因素的影响，又受下层环境因素的制约，健康的时候会事半功倍，不健康的时候则事倍功半。换言之，商业环境的低分给中国的商业环境敲响了警钟，必须坚持和加快改革开放、完善市场化的公平竞争机制。

核心发现三

KEY FINDING 3

“精神原动力”诠释了中国企业家精神能量的释放与商业环境之间的鱼水关系，平衡人与环境双向融合的健康发展。

提　要
Summary

研究结果表明，在九个健康元素的创新力、创业力、领导力、竞争力、合规力、责任力、市场力、服务力和包容力当中，创业力倍受推崇，得分第一，高达67.99。这是蕴藏在中国企业家骨子里的“精神原动力”，它能释放出强大的热能。正是这种“精神原动力”使得中国企业家敢于探险、灵活多变、跌打滚爬、浮躁多元、求富心切，敬业奉献。中国正处于渴望、追求、实现个人梦想的最佳时期。零点研究咨询集团发布的《2009中国人梦想白皮书》第一次记录了国人的精神成长，诠释了中国梦的指向和价值的七个核心元素：财富梦、创业梦、卓越梦、子女梦、知识梦、行走梦和公益梦，其中创业梦排列第二。这也从另一个侧面解释了创业力在企业发展九个健康元素中得分最高的原因。“精神原动力”释放能量的强度与商业环境相辅相成，一损俱损，一败俱败，没有赢家，只有输家。

精神原动力

责任力得分排名第二，高达65.85分，也是另外一个得分高于60分的九力元素之一。这个得分虽高，但是却给中国企业健康发展带来了沉甸甸的思考。这里的高分不是指对中国企业现实表现的认可，而是指对中国企业在社会责任方面的进步表示认同，对它在企业健康中占据的重要性表示认可。诚然，中国企业承认的社会责任的意识近几年来进步很快，但企业社会欠债和违背良心的恶性事件屡有发生。社会和百姓期待企业能够承担起“阳光责任”，即公开、承诺、兑现自己的社会责任，让全社会享受到安全、环保、健康的产品与服务。

核心发现四
KEY FINDING 4

“避规力”利用反向思维和论证原理，帮助社会与政府透彻分析合规行为欠缺的正反起因，帮助政府从宏观和微观层面创造新政。

提 要
Summary

《2012中国企业健康指数报告》的研究成果也有令人沉重的一面。合规力、服务力及市场力得分相对很低，分别为49.38、49.76和50.36。合规力低必然“避规力”高，反映在契约精神和商业伦理方面尤为突出。契约精神与契约履行在商业交往中常常被戏称为一文必有，一文不值，违约违规现象严重。法律旁观者清，但法律有时也无能为力，时而导致在社会商业交往活动中的信任真空。

高“避规力”有两层含义：合理避规与刻意避规。前者可能由于商业环境不够理想，企业为了生存发展，上有政策下有对策，比如民间融资；但后者则是违规操作，比如偷税漏税等。避规能力越高，避规需求越旺，证明企业健康发展的环境与企业行为之间的和谐度越低，从而导致企业健康状况不良。

避规力

核心发现五
KEY FINDING 5

"阳光环境"着眼于未来中国企业健康发展需要的根基与环境，期待在政府、社会、企业三者之间培育一个和谐、现代、有创造力的发展环境。

提　要
Summary

“阳光环境”是提升企业健康力量最重要的外部因素。服务力和市场力得分相对较低都与政策的科学制定与可持续性密切相关，与社会对公共服务满意的程度紧密关联。企业非常关注政策出台的流程透明度、征求社会民意的倾听主动度、公开接受监督谏言的诚恳度。公共服务的转型变革更需要政府能够适应市场化的发展转变自己，从事无巨细的大管家转变到专注服务的大保姆。“阳光环境”期待在政府、社会、企业三者之间培育一个和谐、现代、有创造力的发展环境。健康的商业环境将激励企业家的创业精神，激发企业家的创新能力，从而让企业的行为处在夹层游刃有余，承上启下，更加健康地发展。

阳光环境

核心发现六
KEY FINDING 6

“社会理性”呼吁全社会多元化和多视角地理性看待中国企业面临的问题和挑战，用积极、建设性的思想和行动助力企业健康发展成长。

提 要
Summary

中国企业健康发展需要全社会的共同努力来逾越“社会理性”匮乏这个瓶颈。浮躁、虚夸、过激、求快、求大、求富的心态和欲望让许多企业在商业活动中缺少建设性的建议和批评。从企业层面来讲，要理性看待商业环境中存在的问题和挑战。中国改革开放30多年来，机会造就了一批又一批的企业家群体。从这些机会提供的平台、空间、速度来看，没有任何一个国家可以与中国相提并论。虽然这些机会中有成功和失败，有高潮和低潮，有进步和徘徊，有自由和垄断，但在中国改革开放的浪潮中大多数企业家的财富积累和创业成功举世公认。所以，企业家要理性面对未来发展中新的、更大的挑战，要考虑用得益于改革开放的成果回馈社会，主动投资社会，要有“吃亏”的精神，比如热心投入公益事业，用建设性的、理性的思想和精神引领中国未来发展的健康力量。

社会理性

核心发现七
KEY FINDING 7

"竞争繁荣"和"包容均等"是利用市场化的竞争和公平均等的机会衡量中国企业健康发展的两大根基。

提 要
Summary

就政府而言，中国未来发展的健康力量来自市场经济，来自进一步的改革开放，来自“竞争繁荣”的企业行为，来自“包容均等”的社会机会与和谐气氛。本项目的研究成果表明，企业强烈期待税赋减压和公平竞争的机会，呼唤平等社会地位，坚决反对行业垄断。在2012年的政协、人大两会上温家宝总理特别提出要加大力度理顺政府与市场的关系，更好地发挥市场配置资源的基础性作用。中国未来发展最具活力和创新的是千千万万的中小企业，是土生土长正在走向世界的民营企业。商业环境是经济发展的基础，既要根基稳固又要和谐公正，它的健康程度直接影响决定中国企业整体健康发展的速度和提升。

竞争繁荣

包容均等

核心发现八
KEY FINDING 8

“基于“有形公共产品”和“无形公共产品”的分析提出，只有将政府职能从提供硬件产品转型升级到提供软件服务，才能有力促进中国企业的健康发展。”

提 要
Summary

政府职能的转变需要从提供“有形公共产品”转变到提供“无形公共产品”，即从提供城市发展的基础设施，如公路桥梁的硬件，转型升级到提供城市发展的软件，如规则、政策和制度。“无形公共产品”要求政府的主要职能是有效保障社会的公平、正义，推进依法行政和社会管理创新，建设服务、责任、法治、廉洁的政府。

政府未来的“软实力”应该大于“硬实力”，这是开明社会进步的风向标。一方面需要充分发挥社会组织，如行业协会和非政府组织（Non-Goverment Organization, NGO）的积极作用，另一方面也需要充分发挥新媒体的社会沟通功能，让新媒体在政府、社会及企业交往中从幕后走向前台，为中国未来的商业环境注入更多的健康力量。

有形公共产品

无形公共产品

一、研究背景与目的
BACKGROUND

改革开放三十余年,中国经济经历着前所未有的高速发展期,GDP年均增速高达10%。然而在这个过程中,中国也面临着由经济快速发展带来的各种挑战。实体经济举步维艰,融资困难却又难抵诱惑,纷纷跨界投资股市和地产;不少创业者在创业初期就津津乐道于筹划上市和圈钱变现;社会言论缺少建设性的思考谏言,企业与政府之间的关系微妙而缺乏可持续性。但是,仍然有一股力量在激流中勇进,这就是推动中国企业发展的健康力量。

这股健康力量源自哪里呢? 它们来自活跃在市场经济中的企业家们,来自坚持改革开放和坚信竞争带来繁荣的企业行为,来自更加包容平等的社会机会与和谐环境。

为了对中国企业健康力量现状进行系统的研究和总结,浙江大学管理学院与零点前进策略公司合作,首次在中国提出了“中国企业健康”的新理论和系统的指标体系,提炼了中国企业健康力量的核心元素,并设计出适合中国企业健康发展的思路和策略,最终完成了《2012年中国企业健康指数报告》。企业健康指数是用于测定多个项目在不同场合下综合变动的一种特殊相对数。中国企业健康指数可用来评价中国企业总体健康发展状况。

本研究希望引起中国企业家对企业健康成长的重视以及全社会对企业健康现状的关注、讨论和支持，为打造中国企业市场、政府、社会和谐共赢的健康商业环境贡献力量。

二、中国企业健康指标体系
INDEX

“2012中国企业健康指数研究”项目以中国民营企业为研究对象，从企业家精神、企业行为、商业环境三个维度进行考察，总结提炼出九个核心元素。此研究通过定性与定量研究，首次提出“三九企业健康生态系统”理论，简称“三九理论”，在此基础上设计了中国企业健康指标体系。这是中国第一次对中国企业健康进行的权威的、系统的、科学的研究。

“三九企业健康生态系统”理论对企业健康发展的三个维度——企业家精神、企业行为、商业环境三者之间的互动关系进行了准确和全面的描述，建立了企业健康生态系统的基本原则，并利用中国企业健康指标体系得出了中国企业健康现状的量化结果。这个指标体系可以用来为企业和行业整体的发展状况进行健康诊断并得出健康评估报告，用以企业改善经营，用以为政府制定政策提供参考，用以启发社会参与支持企业未来的健康发展。

(一) 研究过程

通过对15位专家的深访和前期二手资料的研究，本次研究整理出初步的指标体系框架，采用了德尔菲专家法确定各项指标赋权重，依据定量问卷执行的结果对指标元素进行验证，最终形成了中国企业健康的指标体系(见图1)。

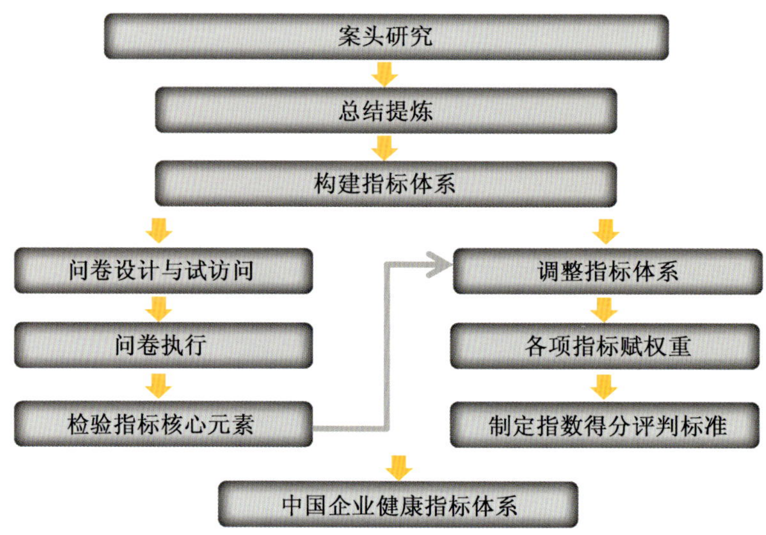

图1　中国企业健康指标体系研究过程

(二)研究方法

本项研究主要采用了文献研究、德尔菲专家法、深度访谈、问卷调查等方法(见图2)。

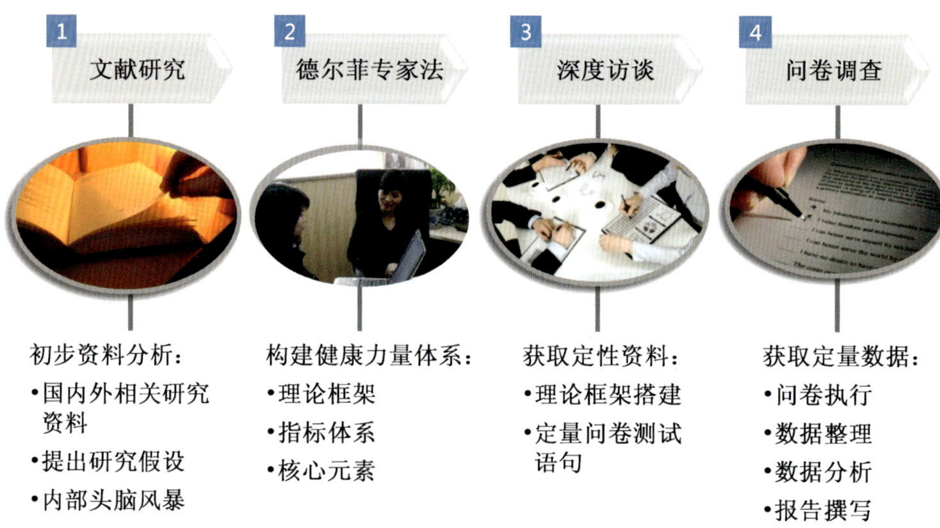

图2　中国企业健康指标体系研究方法

1. 德尔菲专家法

德尔斐法(Delphi Method)是一种直观的研究方法。其本质是利用专家的知识、经验、智慧等无法量化的、带有很大模糊性的信息,通过通信的方式进行信息交换,逐步地取得较一致的意见,达到科学研究的目的。

在选择的专家名单中,专家的情况各不相同,有专业、水平、年龄、职务、性格、社会背景等诸方面的差别,这些都会影响他们对某一问题的认识,进而保证问题得到多样性的解答和不偏倚的观点。

主导原则

(1) 领域:确认对本领域发生影响力的专家种类;

(2) 数量:足以全面体现不同类专家的意见;

(3) 意见:仅以专家资历与经验选择,不以其意见偏向选择;

(4) 表达:匿名互动。

适用范围

(1) 创新的、新颖的、从未有人做过研究且无可参考的对象;

(2) 有较为复杂的、分歧的意见,如竞争力评价标准;

(3) 需要快速作出评估的,如商业定价;

(4) 强调权威的,如国际城市投资环境发展水平评价体系。

本研究针对研究主题邀请了来自各个领域的15名专家, 对健康力量框架指标体系和权重进行多轮评议,最终确定指标体系框架和权重。

德尔菲专家法的操作流程如图3所示。

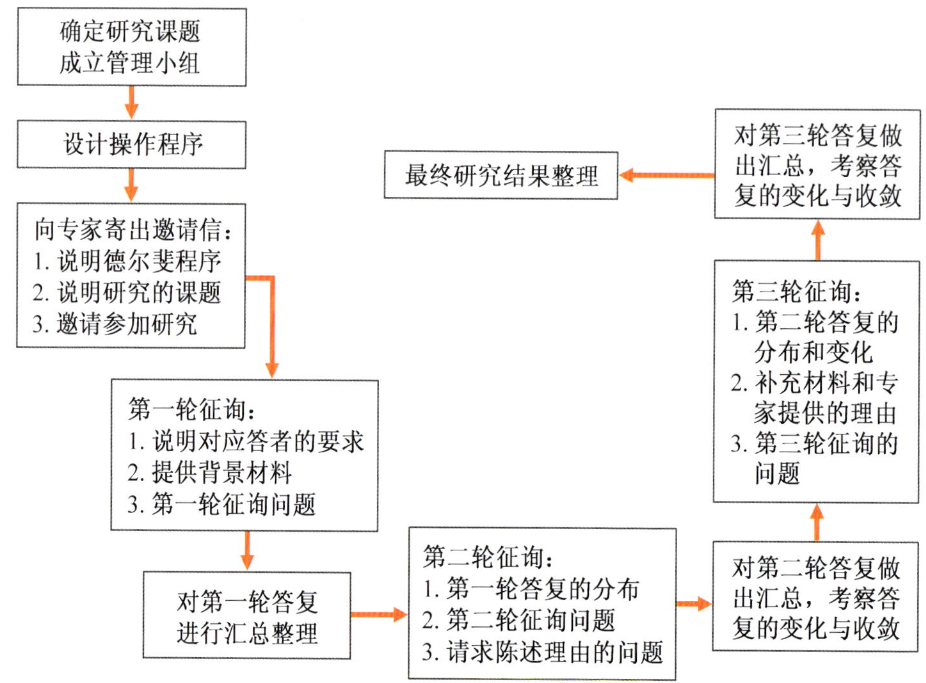

图3　德尔菲专家法操作流程

2. 深度访谈

深度访谈(In-depth Interview)是一种无结构的、直接的、一对一的访问，在访问的过程中通过掌握访问技巧的研究员或资深的访问员对受访对象深入地访谈，了解专家的见识与经验，并进一步洞察受访者对某一问题的潜在动机、信念、态度和情感。

通常情况下，一次深度访谈可能要花45~90分钟的时间。一对一的形式可将反应与受访者直接联系起来，消除了群体压力，使受访者提供的信息更加真实。

本研究对企业、政府、媒体共15名负责人进行了深度访谈，目的在于：了解企业、政府及媒体代表对企业健康力量的认知和理解，确定企业健康力量的核心元素；了解企业健康力量现状表现的背后原因及发展建议。

3. 问卷调查

问卷调查法是调查者运用统一设计的问卷向被选取的调查对象了解情况或征询意见的调查方法，通过后期的处理，可以以量化的数据来阐释和支撑研究问题。

(1) 本次研究共访问了北京、上海、广东等15个省/直辖市的328名企业家，各省市的样本分布见表1。

表1　中国企业健康调查定量样本分布

序号	省/直辖市	样本量	序号	省/直辖市	样本量
1	北京	31	5	四川	50
2	上海	44	6	陕西	28
3	广东	44	7	其他	46
4	浙江	87	合计		328

(2) 受访对象69.3%为民营企业董事长、总经理、总裁，其他均为副董事长、副总裁、副总经理等企业高层管理者。

(3) 抽样方法采用多阶段随机抽样法。

(4) 访问方式采用实地问卷调查、网络在线调查。

(5) 本次调查在所有问卷收回后，经过数据编码后，数据使用PCEDIT软件录入和Enable在线调查系统处理，经过逻辑查错形成最终数据库，然后使用SPSS软件进行数据统计分析。

（三）理论体系

“三九企业健康生态系统理论”（简称“三九理论”），以系统论的视角来看待企业健康的环境和发展，从三个维度和九个元素来描述企业健康现状，注重系统之间元素的互动和相互影响。在“三九企业健康生态系统理论”中，“三”指三个维度，即企业家精神、企业行为和商业环境；“九”为九个元素，包括创业力、创新力、领导力、竞争力、合规力、责任力、市场力、服务力和包容力（如图4所示）。

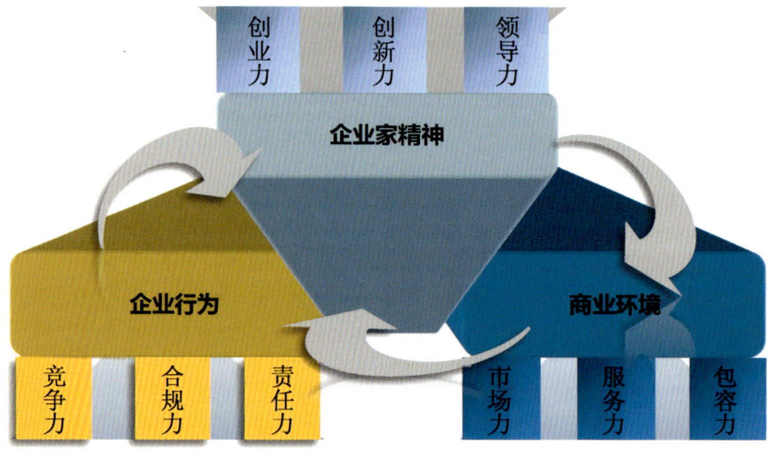

图4　三九企业健康生态系统

生态系统的概念是由英国生态学家坦斯利（A. G. Tansley,1871—1955）在1935年提出来的，指在一定的空间和时间范围内，在各种生物之间以及生物群落与其无机环境之间，通过能量流动和物质循环而相互作用的一个统一整体。

借鉴生态系统的概念，“三九健康生态系统理论”创建了企业健康生态系统的两大原则：

(1) 只有当企业家、企业、商业环境三者之间有良好的互动和反馈，并充分发挥各自的功能时，才能形成企业健康发展的生态；

(2) 企业健康系统的运作来自系统内部九个元素之间的相互作用。

本项研究根据企业健康三个维度之间的关系，提出了企业三维互动理论公式：

$$B=f(E_1 \cdot E_2)$$

上式中：B指企业行为 (Behavior)；E_1指企业家精神(Entrepreneurship)；E_2指环境(Environment)；f指的是函数关系。

公式表明，企业行为是一个动态过程，企业家精神影响企业行为。什么样的企业家就会有什么样的企业行为，它会在很大程度上影响企业行为的指向。

企业行为受制于企业家精神和企业环境两个因素。企业家精神和企业环境这两个因素的综合作用产生企业行为。

企业环境反作用于企业行为和企业家精神，即不同的企业对同一的环境条件会产生不同的行为，同一企业对不同的环境条件会产生不同的行为，甚至同一企业，如果环境条件发生了改变，对同一个环境也会产生不同的行为。三者之间只有具有良好互动才能带来整体企业健康的形态。

(四) 指标体系

中国企业健康指标体系分为两个指标层级，一级指标包括企业家精神、企业行为和商业环境，二级指标包括创新力、创业力、领导力、竞争力、合规力、责任力、市场力、服务力和包容力(如图5所示)。

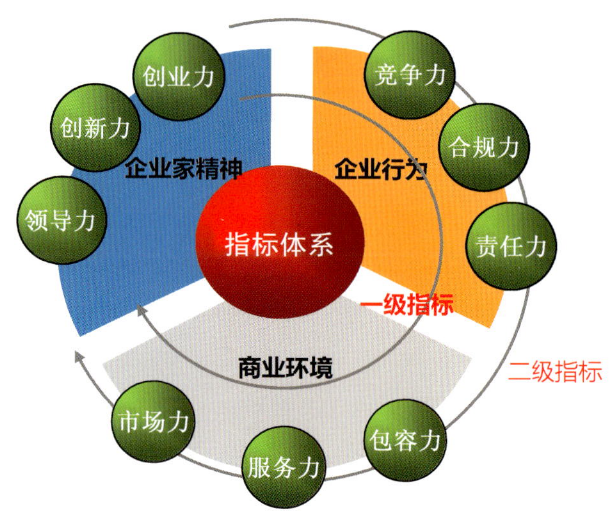

图5　中国企业健康指标体系

通过德尔菲专家法，得出各项指标的权重，如表2所示。

表2　中国企业健康指标体系权重

一级	权重（%）	二级	权重（%）
企业家精神	32.4	创业力	25.0
		创新力	40.6
		领导力	34.4
企业行为	36.3	竞争力	31.6
		合规力	37.2
		责任力	31.2
商业环境	31.3	市场力	42.2
		服务力	31.5
		包容力	26.3

(五) 计算方法

总指数得分等于各个一级指标的实际得分与相应权重乘积之和。而各个一级指标的得分是通过相应二级指标得分与其权重乘积得出。同样,二级指标得分是通过相应的三级指标得分与其权重乘积算出,三级指标得分是通过相应的四级指标得分与其权重乘积算出。计算公式如下:

$$T=\sum_{g=1}^{y}\left\{\sum_{k=1}^{x}\left[\sum_{j=1}^{n}\left(\sum_{i=1}^{m}C_i c_i\right)b_j\right]a_k\right\}t_g$$

式中:T——中国企业健康力量总得分;

t_g——第 g 个一级指标包含元素得分对应的权重,$g=1,2,\cdots,y$;

a_k——第 k 个二级指标包含元素得分对应的权重,$k=1,2,\cdots,x$;

b_j——第 j 个三级指标包含元素得分对应的权重,$j=1,2,\cdots,n$;

c_i——第 i 个四级指标包含元素得分对应的权重,$i=1,2,\cdots,m$;

C_i——第 i 个四级指标包含元素的得分,$i=1,2,\cdots,m$。

本指标体系中的一、二级指标的权重(t_g 和 a_k)通过三轮德尔菲专家法得出,三、四级指标权重通过计算每个四级指标与相应的三级指标的皮尔逊相关系数,经过归一化处理得到。皮尔逊相关系数的计算公式如下:

$$r_{XY}=\frac{\sum_{i=1}^{N}(X_i-\overline{X})(Y_i-\overline{Y})}{\sqrt{\sum_{i=1}^{N}(X_i-\overline{X})^2}\sqrt{\sum_{i=1}^{N}(Y_i-\overline{Y})^2}}$$

三、中国企业健康现状分析

CURRENT STATUS

(一) 中国企业健康力量总体表现

1. 中国企业健康状况处于初级阶段,可增长空间巨大

在本项目的研究成果中,中国企业健康得分为56.05分,处于企业健康发展的初级阶段,但开始迈向中级阶段。

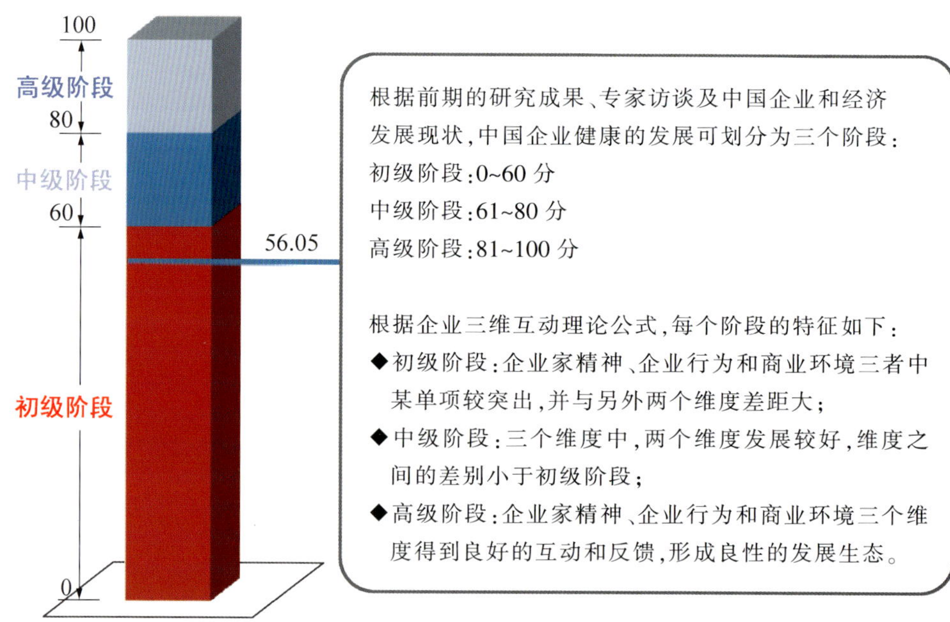

图6　2012年中国企业健康得分

关键词
Key Words

中国企业健康得分与经过30年快速运行的中国特色的经济模式相吻合：突飞猛进，成绩斐然，创造奇迹，但同时也为环境和资源付出了沉重的代价，深化改革开放与商业环境的平衡发展遭遇了前所未有的挑战。

从环境和资源的消耗来看，尽管中国在“十一五”时期节能减排和生态建设取得了积极成效，但能源消耗仍然偏高，环境污染仍很严重，生态环境仍十分脆弱。据中新网报道，2010年中国单位GDP能耗是世界平均水平的2.2倍，主要矿产资源对外依存度逐年提高，石油、铁矿石等均已超过50%。

由此可见，中国经济发展中资源短缺、能源消耗、环境污染的瓶颈制约日益凸显，转变经济发展方式的任务仍十分艰巨。作为中国企业发展的重要环境要素，这些也直接导致了目前中国企业健康得分较低的状况。

中国企业健康得分在地域、企业家年龄、企业成立时间上都显示出差异。具体如下：

(1) 商业环境的软实力直接影响企业健康指数

商业环境

从地域上来看，中国企业的整体发展态势呈现出差异性。如图7所示，广东省得分最高，为68.08分，远超全国的平均分56.05分，这与广东的民营企业商业环境有直接关系。作为中国改革开放的领头羊，广东市场化程度相对成熟，带来市场化的竞争繁荣。一线城市上海的企业健康得分相对较低，说明民营企业经营的环境有待提高，需要上海在给予民营企业、外企、国企更为均等的商业环境方面做出更多的努力。上海国际化程度较高,其环境更利于外企的发展,吸引了大批外企的入驻,据《东方早报》报道,截至2011年9月底,外商累计在沪设立投资性公司237家、跨国公司地区总部347家、研发中心332家,上海拥有的外资企业总部机构数量居中国内地省市之首。

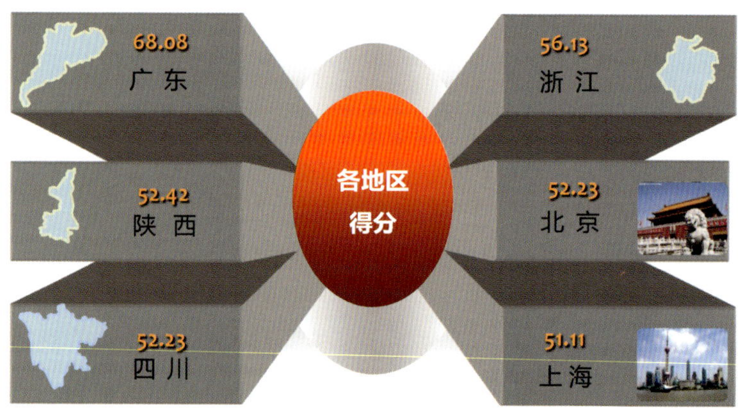

图7 不同地区企业健康得分

(2) 中年企业家对目前中国企业健康认可度高

从被访企业家的年龄来看,年龄处在46～55岁之间的企业家对目前中国企业健康的评价明显高于其他年龄段。这批出生在20世纪60、70年代的企业家是邓小平"1992年南巡"后创业的主力军,是改革开放的主要参与者和受益者,经历了复杂的社会变革,他们从历史进步的角度看待中国经济的发展起伏,所以对目前中国的企业健康认可度较高(见图8)。

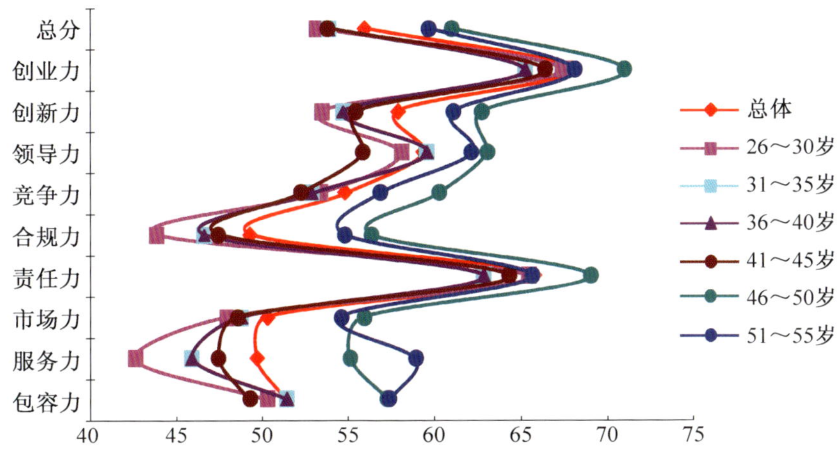

图8　不同年龄段企业家的九力得分(*N*=328)

(3)"年轻"的企业对中国企业健康度评价较低

企业成立时间较长的公司(11～15年)对目前中国企业健康的评价高于其他公司，而企业成立在3年及以下的企业家对中国企业的健康评价最低，为53.06分(见图9)。根据企业生命周期理论，处于创业期的企业对资源、环境、人才需求很大，商业环境和政策的变化使其面临更大的挑战。而有11～15年历史的企业处于成熟期，业务发展稳定，是企业发展的黄金时期，对目前中国企业的发展现状更为满意。

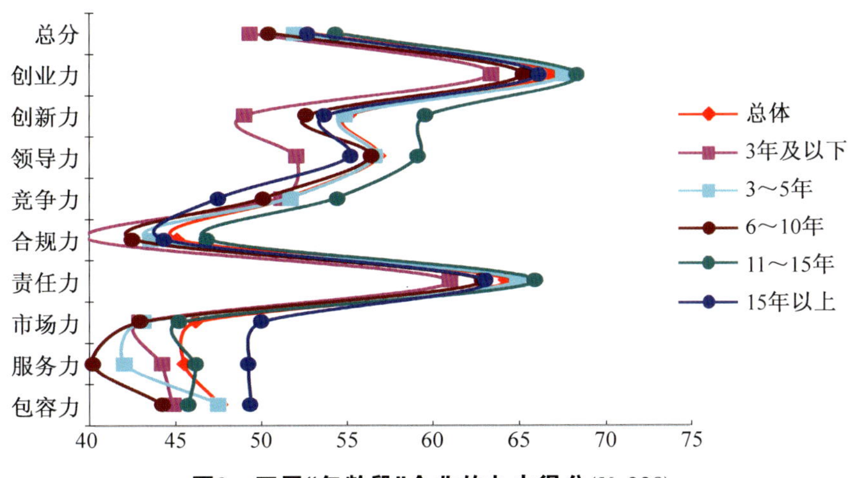

图9　不同"年龄段"企业的九力得分(*N*=328)

2. 中国商业环境亟需改善

在企业家精神、企业行为和商业环境的三个维度中，"企业家精神"得分最高，为61.01分，而"商业环境"得分最低，为50.47分(如图10 所示)。

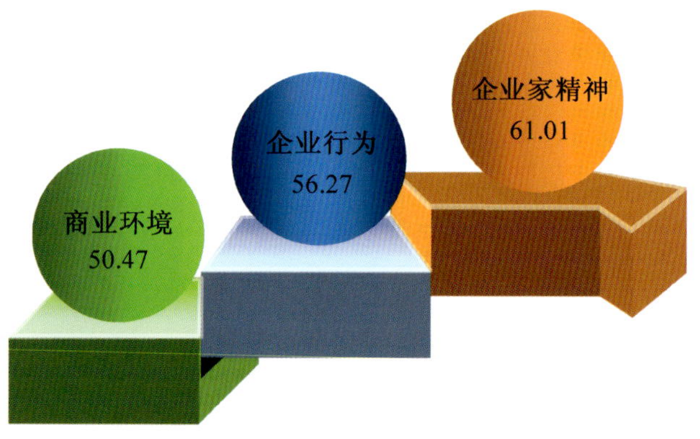

图10 企业健康指数三个维度得分(*N*=328)

健康三明治

中国企业健康三个维度的关系可比喻为"健康三明治"：上层是人的因素，夹层是企业因素，下层是环境因素。上层正压加大，企业健康指标就会上升。反之，如果上层正压加大，下层环境负压超过上层的正压，企业健康指标就会下降。上下两层相互和谐与相互推动的环境底压双向高启，亦会促使企业健康指数全面上升。

商业环境的低分给中国的商业环境敲响了警钟，必须坚持和加快改革开放，完善市场化和公平竞争机制。

关键词
Key Words

3. 创业力的高得分体现企业家“精神原动力”释放的能量巨大

中国企业健康指数中的九个力中，创业力得分最高，为67.99分(见图11)。中国企业家最认可目前中国企业家表现出来的创业精神，这与零点研究咨询集团研究的《2009年中国人梦想白皮书》的结论一致，创业梦是中国人的核心梦想，综合表达了当代中国人追求的社会认同，是让人兴奋和富于行动力的典型梦想。

创业力

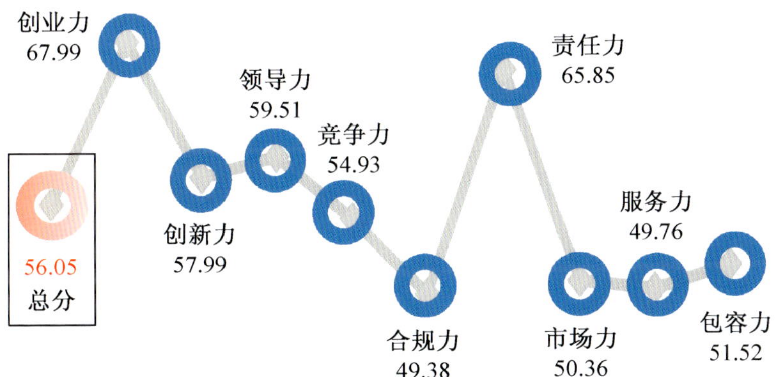

图11　九力及企业健康总体得分(N=328)

合规力

合规力得分最低，为49.38。合规力低则必然“避规力”高，反映在契约精神和商业伦理方面尤为突出。避规能力越高，避规需求越旺，证明企业健康发展的环境与企业行为之间的和谐度低，导致企业健康状况不良，企业家要付出数倍的成本和精力来克服商业环境带来的瓶颈。

责任力得分在九力中仅次于创业力。这里的高分不是指对中国企业责任现实表现的认可，而是指对中国企业在社会责任方面的进步表示认同，对它在企业健康中占据的重要性表示认可。社会和百姓期待企业能够承担起“阳光责任”，即公开、承诺、兑现自己的社会责任，让全社会享受到安全、环保、健康的产品与服务。

阳光责任

（二）中国企业家精神现状分析

本次研究将企业家精神作为考察中国企业健康的第一个维度，包括创业力、创新力、领导力三个指标，力图对当代中国企业家精神进行整体评价，并对其中所表现出的企业家具体特质进行全面的描述。

1. 中国企业不缺创业力，但需鼓励创新力

本次研究表明，企业家精神总体得分为61.01分，其中创业力得分为67.99分，高于创新力（57.99分）和领导力（59.51分）（见图12），说明目前中国企业的创业劲头十足，但创新能力乏力。创业力是中国企业家的“精神原动力”，它释放能量的强弱与商业环境的优劣相辅相成。从得分来看，在企业家精神方面，需要鼓励中国企业家的创新精神，这也是未来中国发展的重要因素。

创新力

关键词
Key Words

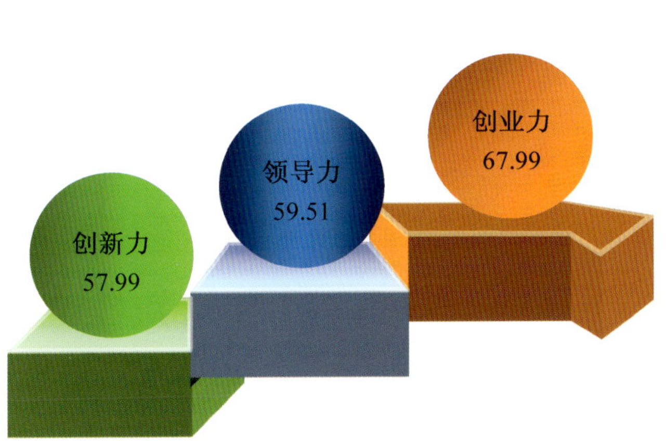

图12　企业家精神三个指标得分(*N*=328)

2. 创业力中,敬业精神表现最受企业家认可

创业力中,敬业精神得分为75.16分,明显高于其他两个元素(见图13)。中华民族历来有敬业乐群、忠于职守的传统。中国的民营企业家在艰苦的创业期中,依靠积极的敬业精神,执著追求,才得以领导企业从蹒跚起步走向茁壮成长。

敬业精神

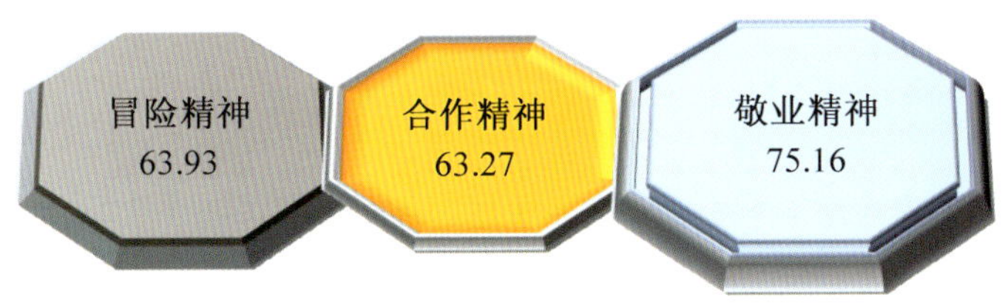

图13　创业力下各指标得分(*N*=328)

敬业精神的各项元素中,企业家认为锐意进取最重要,反映出在新的经济形势和竞争环境中,企业家进行新知识应用、智慧管理的重要性。艰苦奋斗排名最低。两者得

分的差距反映出企业家们更加看重锐意进取的价值，而不仅仅是传统观念中的所鼓励的“艰苦奋斗”(见图14)。

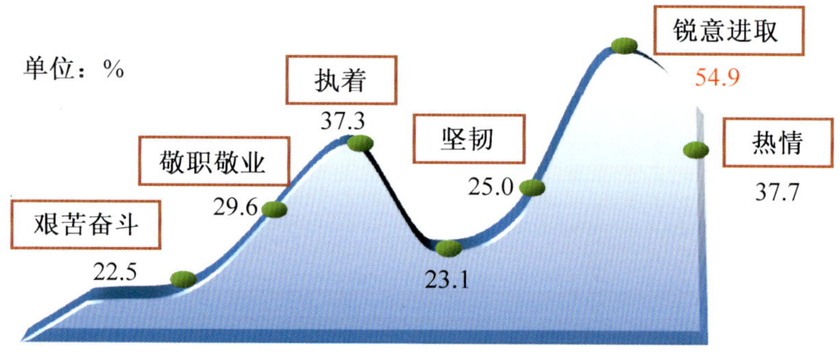

注：本项为多选题(限选三项)，所有应答率之和大于100。

图14　敬业精神各项元素的重要性(N=324)

冒险精神

在冒险精神的各项元素中，企业家认为主动变革最重要(见图15)。民营企业家要走在改革开放的前列，必须善于竞争，洞察趋势，抓住商机。只有主动变革，才能永远先人一步。

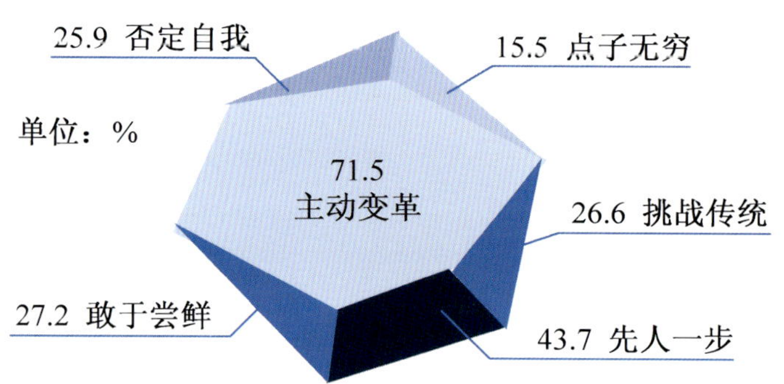

注：本项为多选题(限选三项)，所有应答率之和大于100%。

图15　冒险精神各项元素的重要性(N=316)

关键词
Key Words

在合作精神的各项元素中，企业家认为整合资源与团队合作都非常重要（见图16）。对民营企业而言，面对与国企和外企的竞争，必须学会整合资源，充分利用团队的力量，不能把企业做成一个人的企业，而应研究市场，科学决策，依靠团队，健康成长。

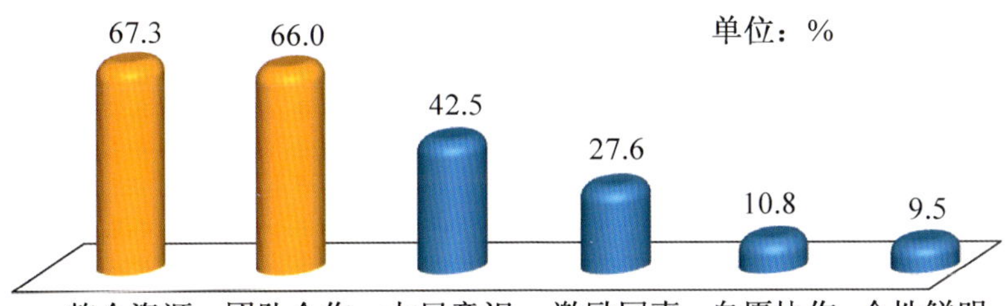

注：本项为多选题（限选三项），所有应答率之和大于100%。

图16　合作精神的各项元素对中国企业的重要性（N=315）

合作精神

3. 中国企业面临缺乏创新管理人才的挑战

在创新力的各项元素中，企业家认为管理模式、运营模式与技术创新三项最为重要，而文化、制度等软性因素受重视程度不高（见图17）。创新的突破在于软件突破，在于运营和管理企业运营模式的人，在于文化和制度方面的突破，这是提升创新力的重要环节。

目前，中国因缺少创新直接影响其竞争力。《哈佛商业评论》上刊出一篇题为“中国的竞争威胁究竟有多大？”的文章，认为富裕的中国成不了“大号日本”。这篇评论指出，由于许多中国企业面对外国竞争，不愿进行长远的创新投资，而是着眼于在现有制造业领域降低成本。过去20年里，

关键词
Key Words

中国企业的研发支出占销售收入的百分比只有日本公司平均值的七分之一。

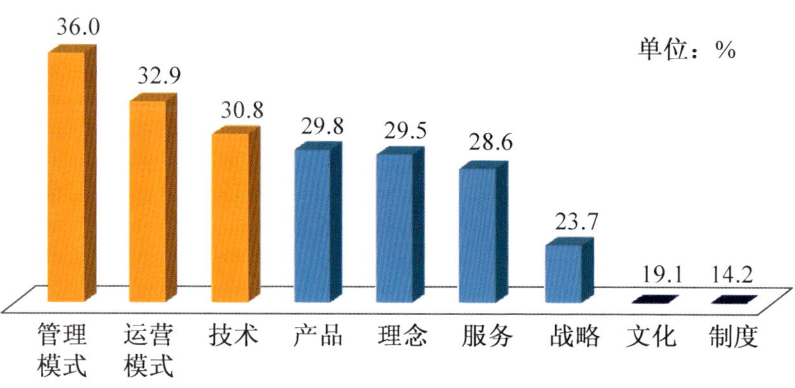

注：本项为多选题(限选三项)，所有应答率之和大于100%。

图 17　创新力的各项元素对中国企业的重要性(N=325)

创新人才

国与国之间、公司与公司之间的较量最终取决于创新能力的较量。一般而言，技术进步对GDP的贡献率超过70%、创新生产率对GDP的增长贡献率超过50%、研发经费占GDP的比重超过2%、对外技术依存度小于30%等等，是国际上公认的创新型国家的基本标准。尽管当今美国债台高筑，财政捉襟见肘，但在科技投入方面仍非常强势。以2007年为例，美国研发经费占GDP的比重达2.68%，人均研发经费1265.7美元。与之相比，中国目前研发经费占GDP的比重仅为1.49%，人均研发经费仅37美元。

中国能不能形成强劲的竞争力，并不取决于经济规模，而取决于创新能力。研究显示企业创新最缺乏的是人才(见图18)，“创新型人才”的培育需求尤为迫切。中国国务院发展研究中心与世界银行刚刚共同完成的《中国

关键词
Key Words

2030》报告中指出，"加快创新步伐，建立一个开放的创新系统"是中国建立一个现代、和谐、有创造力的高收入社会的六大战略之一。这再次验证未来对创新人才的培养将成为中国企业乃至中国发展的重大挑战。

图18　目前企业创新最缺乏的方面（N=324）

企业家认为除了人才，创新还缺乏文化和资金。文化为软性因素，需要企业长期经营和培育。而无论是培育企业内部的创新文化，还是引进和培养创新人才，都需要企业给予资金的支持。

除此之外，企业家认为目前在创新的政策、制度方面也还需要提高。政策主要来自政府方面的扶持，政府政策及相配套的措施对民营企业有着较好的激励作用；制度指企业内外部有关创新的制度，以制度的形式来规范和激励企业创新，鼓励员工进行创新尝试。

4. 企业家需提升国际视野

领导力

领导力所包含的两个元素中个人影响力和健康管理得分分别为60.92分和53.83分。

个人影响力中“以身作则”得分最高为68.71(见图19),这与领导力中敬业精神75.16分的高得分一致,体现出企业家们对于企业领导者榜样力量的认同。

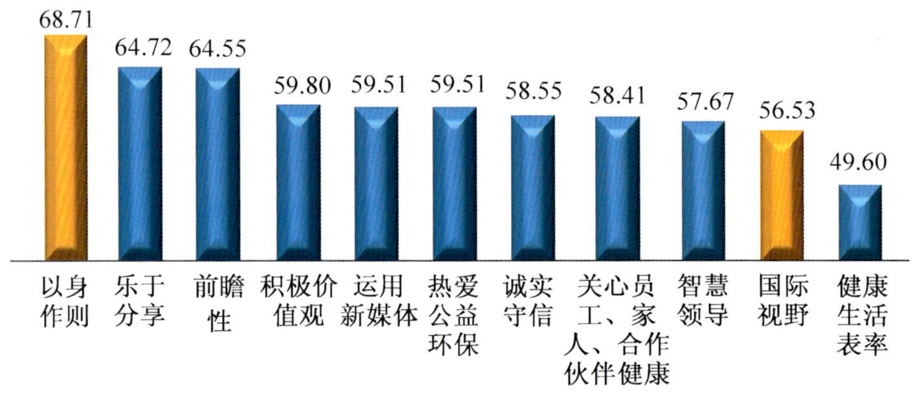

图19 领导力中个人影响力各项元素得分(*N*=328)

在个人影响力的各项指标中,除健康生活表率外,国际视野得分最低,仅56.53 分,说明当前中国企业家的国际竞争思维模式和行动水平需提高。零点研究咨询集团的《中国企业国际化白皮书》研究成果亦指出,企业海外运营经验不足、国际化人才短缺、公司治理机制的非国际化程度都表明中国企业,特别是民营企业的国际视野亟待提升。

此次将“运用新媒体”纳入个人领导力进行考察,微博作为新媒体的代表,是企业家塑造个人品牌的重要途径之一。民营企业家在新媒体使用和品牌传播方面需要更加积极和主动。

领导力中“健康管理”得分为53.83分,属于较低水平。本项研究将健康管理列入领导力的评价体系,对中国企业家在观念和行动上的健康管理现状进行考察,是对领导力内涵进行的大胆的补充诠释。研究表明,企业家在健康观念层面的表现远高于行动。企业家关心员工、家人、合作伙伴健康的

关键词
Key Words

得分为58.31分(见图20),仅有9.2%的企业家认为给员工定期体检非常重要。这反映出企业家对员工的人文关怀重视程度还不够,这在一定程度上会影响团队凝聚力。

图20　领导力中健康管理各项元素得分(N=328)

健康管理

相比之下,企业家对自身健康的关注程度高,希望保持工作、生活和家庭的平衡,这点对员工与合作伙伴产生正面影响。研究数据表明,四成企业家睡眠时间不足6小时(见图21)。企业家在健康管理上最应改进的是保证基本睡眠时间。

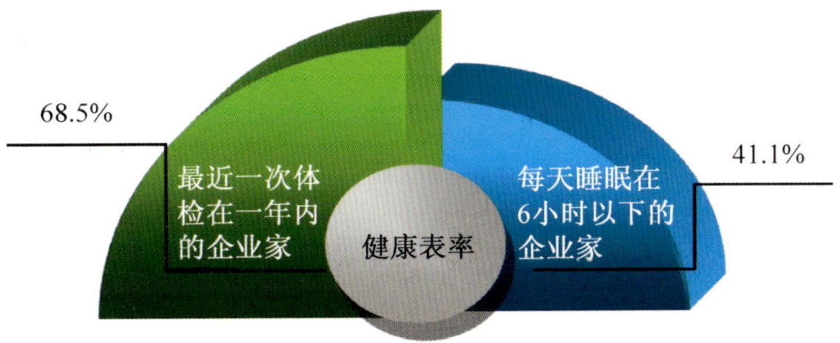

图21　健康生活表率各方面表现(N=328)

(三)中国企业行为现状分析

企业行为是企业家精神的外在和具体表现。此次研究将企业行为在健康方面的表现归纳为竞争力、合规力、责任力。健康的企业行为需要三力合一。合规力强调商业伦理与契约精神，责任力要求企业做一名堂堂正正的企业公民。

契约精神

1. 中国企业行为中合规力最差

中国企业行为包含三个指标：合规力、竞争力、责任力。其中合规力表现最差，为49.38分(见图22)。合规力所包含的商业伦理和契约精神是市场经济行为的基石，由于目前违规成本低和惩罚不力，合规力得分低，导致企业间沟通和信任成本很大，全社会直接和间接为此付出的代价也随之剧增。

商业伦理

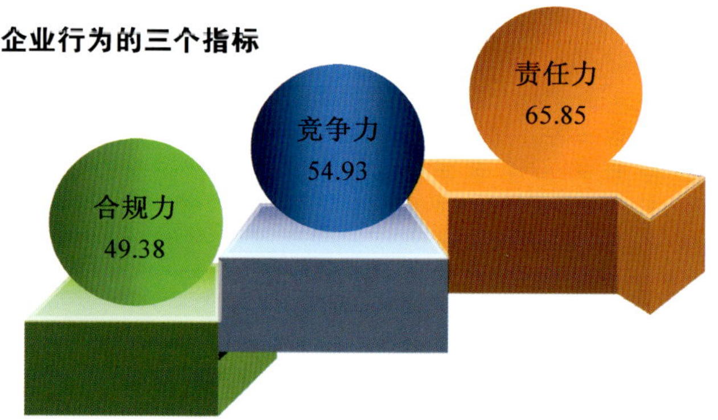

图22　企业行为的三个指标得分(N=328)

关键词
Key Words

2. 人才是企业的核心竞争力，品牌竞争力渐受重视

企业家认为竞争力的各项元素中，最重要的前三名是人才、品牌和技术，重要性最低的为国际化（见图23）。

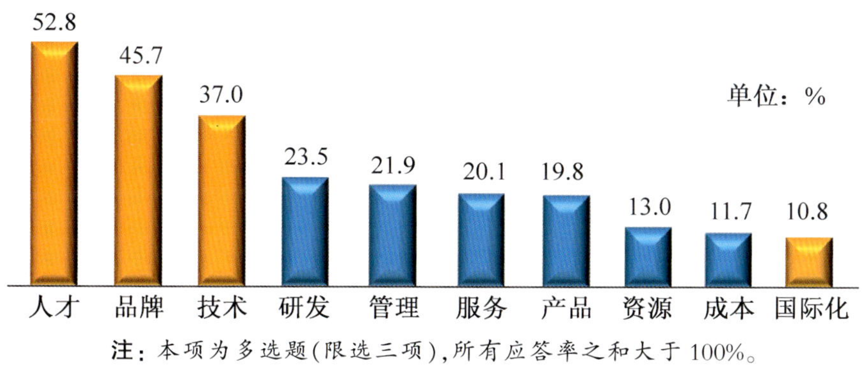

注：本项为多选题（限选三项），所有应答率之和大于100%。

图23　企业竞争力各项元素重要性（N=324）

人才在竞争力中的重要性最高这点与创新力中“人才是创新最缺乏的要素”的结论相一致，再次印证了人才在企业发展过程中的重要性。在全国工商联合会发表的《2011中国民营企业500强调研分析报告》中，有339家企业把“引进高素质人才”作为促进转变发展方式的主要手段。民营企业可以通过制定科学的人才战略，创新用人机制，让优秀人才脱颖而出。采取高薪酬、高福利、高职位、股权激励、快速提升等办法，吸引优秀人才，同时加强员工的归属感、价值认同感、企业向心力，留住高素质人才。

人才竞争力

品牌竞争力的重要性在竞争力中排名第二位。随着中国民营经济的发展，企业家的品牌意识也在不断提升。一大批有远见的民营企业已经从产品经营、资本运营走

关键词
Key Words

向品牌运营，进入全方位的以品牌文化竞争为核心的全新时代。

企业家认为竞争力中的重要性最低的是国际化，这与企业家领导力中"国际视野"重要性排名较低有关联，企业领导人的国际视野直接影响着企业在国际化上的竞争力。

3. 中国企业亟须加强契约精神，信守承诺

中国企业的合规力得分为49.38，处于低水平。

避规力

合规力分数低，反映出企业的高"避规力"。高"避规力"有两层含义：合理避规与刻意避规。前者可能由于商业环境不够理想，企业为了生存发展上有政策下有对策，比如民间融资。但后者则是违规操作，比如偷税漏税等。这总体反映出中国民营企业对目前商业环境中合规力的不满，证明企业健康发展的环境与企业行为之间的和谐度低，从而导致企业健康状况不良。

合规力包括商业伦理和契约精神。商业伦理得分为43.58分，契约精神得分为53.06分(见图24)。

64.6%的企业家认为公平竞争是商业伦理中最重要的要素，也是市场经济的第一要义。公平竞争要求每一个进入市场的人员都必须具有独立自由的人身资格，能够自由自主地进行选择。市场经济也排除等级、身份、特权等不平等因素，它要求机会均等，公平交易。有信用才能产生持续的交易活动。所以，市场经济的道德内涵就是自由、诚信、平等、公平、正义等这些美好的品质，它们也是市场经济根本的价值观。而在中国的市场经济中，这些基

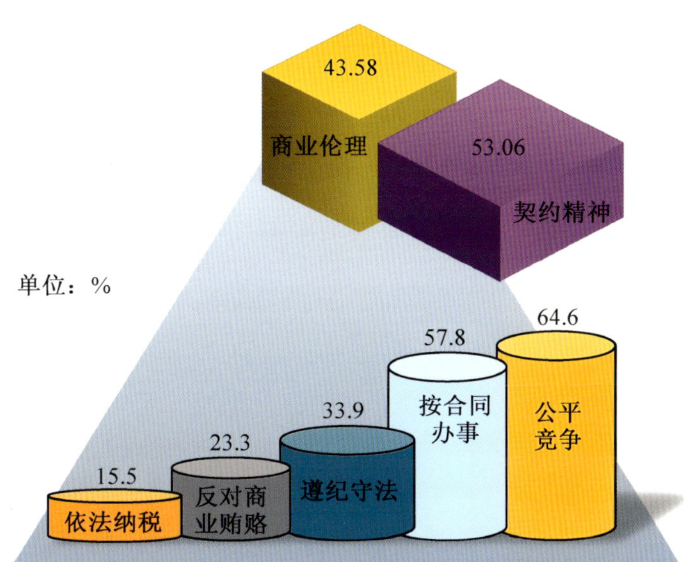

注：本项为多选题(限选三项)，所有应答率之和大于100%。

图24 商业伦理各项元素重要性(*N*=322)

本价值观的缺失带来了大量的诚信成本和沟通成本，也阻碍了民营经济的进步和发展。

按合同办事也被企业家们认为是商业伦理中非常重要的元素，仅次于公平竞争，这也是市场经济中的重要准则，是保证市场经济健康、有序发展的重要条件。

4. 中国企业的产品环保、保护用户隐私意识需增强

从对员工、对用户、对社会三个角度来看企业健康的责任力，社会责任得分最低，为46.22分，而对员工负责最高为57.83分。这个得分符合目前中国企业发展的阶段。从企业发展来看，其核心的资产是人，也就是员工，所以对员工的重视和负责对企业来说是最重要的，在员工负责的各项表现中，尊重员工被视作是最重要的因素，其次是注重员工个性化的职业发展，约42.5%(见图25)。

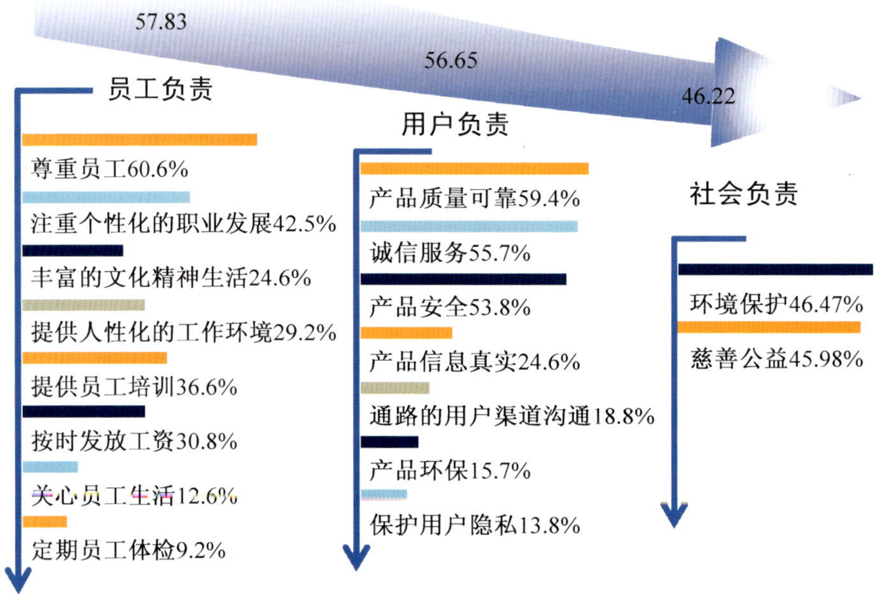

注：本项为多选题(限选三项)，所有应答率之和大于100%

图25　责任力各项元素重要性(N=322)

值得注意的是，企业家们认为对员工生活和健康的关心的重要性不高，说明目前企业家对员工的人文关怀还不够。随着企业的发展，对员工人性化的管理将成为培养人才、留住人才的重要软性因素。

在用户负责上，59.4%的企业家认为产品质量可靠是最重要的，其次是诚信服务，但认为保护用户隐私、产品环保的重要性最低。这说明企业目前对用户负责的认识还停留在初级阶段，最关注产品质量和安全，还未重视产品的环保性等附加价值。随着社会对企业责任要求的提高，企业需要增强对责任内涵的理解和认识，在行动上紧随时代的步伐，切实担当起责任。

关键词
Key Words

在社会责任的具体内容上，企业家认为环境保护和慈善公益的重要性基本相当，整体看，中国企业的社会责任表现还需提高。社会科学文献出版社出版的《企业社会责任蓝皮书：中国企业社会责任研究报告(2011)》称，2011年中国企业社会责任发展指数整体低下，平均分由17.0分变为19.7分，稍有进步。

社会责任

(四) 中国商业环境现状分析

健康的企业家精神和企业行为离不开健康的商业环境，健康的商业环境需要市场、政府、社会三者和谐相处，创造共赢，需要市场化的运作、科学决策的经济政策、政府的公共服务，需要包容性的社会给予支撑，更需要社会公众理性的参与和发表意见。

1. 中国企业健康发展需打造阳光环境

商业环境既包含着以企业行为为主体的市场力，又包含以政府为主体的服务力和以社会公众、媒体为主体的包容力。

目前中国商业环境得分为50.47分，其中服务力得分最低(见图26)。而服务力包含政府服务和政策制定水平两项。这反映中国企业健康发展需打造阳光环境。“阳光环境”是提升企业健康力量最重要的外部因素。服务力和市场力得分低都与政策的科学制定与可持续性密切相关，与社会对公共服务的满意程度紧密关联。“阳光环

阳光环境

境”期待在政府、社会、企业三者之间培育一个和谐、现代、有创造力的发展环境。

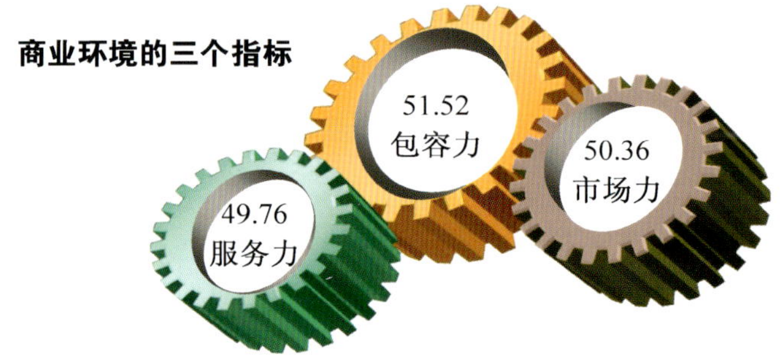

图26　商业环境三个指标得分（N=322）

2. 金融信贷应向民营企业倾斜

本项研究主要从融资渠道、公平竞争、赋税压力来考察企业健康发展所需的市场力。

市场力作为商业环境中最重要的一个方面，对整个中国企业健康程度的影响较大。从目前的情况来看，市场力的各项元素得分均不高，其中，企业家认为目前赋税压力的表现较差，其次是公平竞争（见图27）。

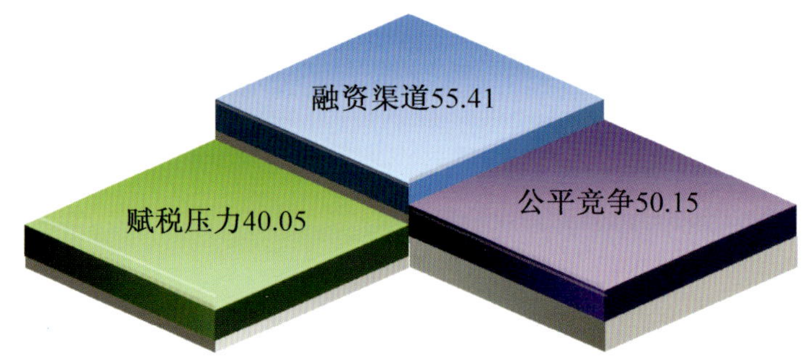

图27　市场力各项元素得分（N=328）

在赋税压力上，对于企业方感知的压力，政府也在积极地进行改革和调整，2011年底，上海市率先开展交通运输业和部分现代服务业营业税改征增值税试点。2012年3月，江西也出台支持小微企业发展的税收优惠政策，这些举措将有力促进民营企业尤其是中小企业的发展。可以说，赋税减压是帮助中国企业健康发展的新动力。

针对金融信贷的现状，本次研究从地域、企业规模等角度进行了分析。

（1）从地域上看，浙江、广东融资相对容易

研究表明，浙江、广东企业融资难度较小（见图28），因为两省的民营经济发达，政府在对民营经济的政策制定、创业氛围的支持力度等方面走在了全国的前列，给浙江、广东两省企业带来了多元化的融资渠道。

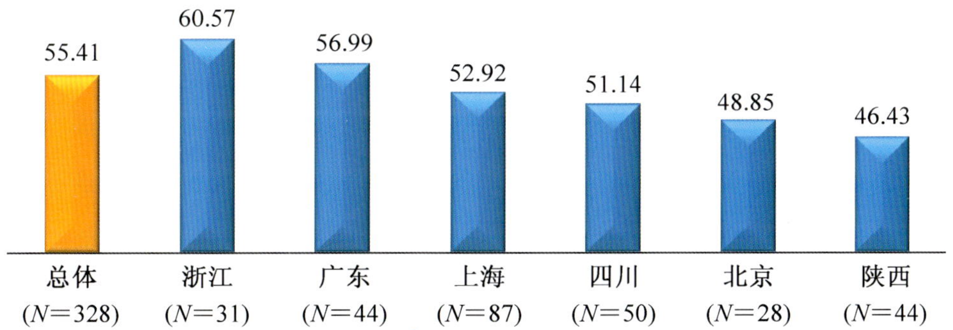

图28 不同地域融资渠道得分

2012年年初，浙江省财政出资10亿元组建省中小企业再担保公司，推出了减免符合转型升级要求的小微企业税费等一系列利好举措，并落实到位，持续改善了浙商的创业创新环境。广东省也在支持中小企业融资方面积极改革。2012年2月，广东省政府通过《关于支持中小微企业融资的若干意见》，

部署支持中小微企业融资措施，并认为这对有效解决中小微企业融资难问题，促进广东中小微企业平稳健康发展，加快广东中小微企业转型升级，维护金融稳定具有重要意义。

(2) 从规模上看，小微企业赋税压力最大，最需环境支持

从企业规模上看，只有小微型企业赋税压力高于总体水平(见图29)。在企业经营环境和经营成本发生巨大变化的现实面前，赋税压力对于小微型企业的挑战进一步增大。

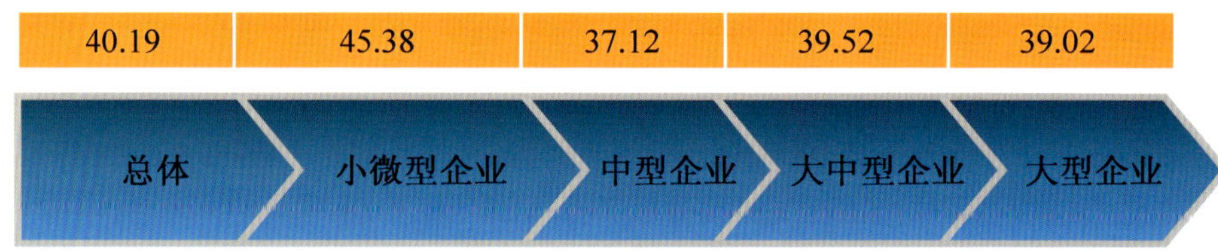

图29 不同规模企业赋税压力得分(N=328)

2011年6月，国家对大、中、小、微型企业进行了重新划分，此举有利于政府针对性地推出扶持政策。小微企业经营容易面临外部因素的冲击，在成立半年至两年内淘汰率很高。因此，相较丁大型企业，向小微型企业贷款属于高风险。有的小微型企业家表示，除企业自身积极转型提升实力外，还希望国家加大企业减税力度，减轻企业负担，帮助企业发展，制定更加灵活的贷款政策。

由图30可以看出，企业规模越小，融资越困难。

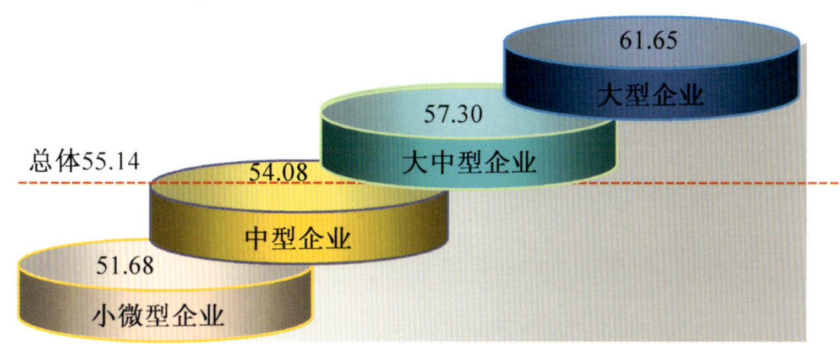

图30　不同规模企业融资渠道得分（N=328）

3. 企业家期盼参与政策制定的机会

政府在打造中国市场经济发展环境中起着巨大作用。本项研究从政府制定政策和服务水平两个层面来研究政府的服务表现。数据显示，政府的服务力中的政策制定与政府服务指标得分均不高（见图31）。

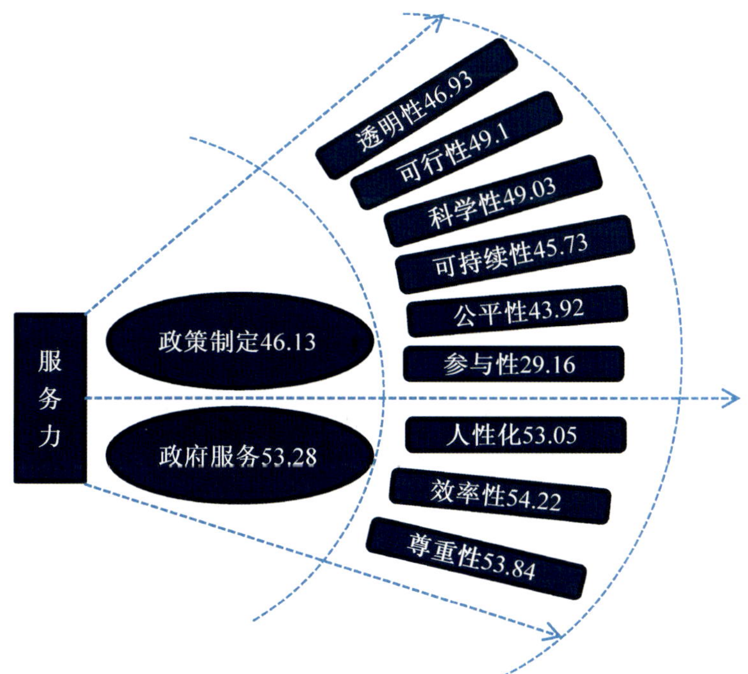

图31　服务力下各项元素得分（N=328）

关键词
Key Words

在政策制定指标中，企业家对现阶段政策的可行性和科学性评价最高，对参与性给分最低。这也反映出尽管有些地方政府已经开通了社会互动平台和召开听证会，但仍然难以满足企业家们对于参与政策制定的需求。

参与政策制定

4. 社会理性缺乏阻碍中国企业健康发展

包容力得分偏低，反映出缺乏包容均等、社会理性和社会和谐的环境。公众包容在包容力中得分最低，为50.01分，媒体报道得分最高，为53.35分（见图32）。社会公众需要更加理性地看待目前中国企业发展的现状，企业家也需要理性地面对未来发展的挑战。

社会理性

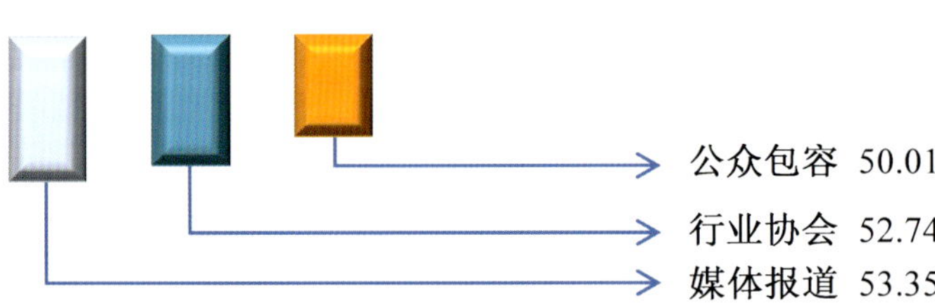

图32　包容力下各项元素得分（N=328）

包容均等

包容力的八项具体指标中，弱势群体参与决策与公众建设性意见的发表得分最低，反映出中国企业家认为目前社会在包容均等方面还存在许多不足（见图33）。

关键词
Key Words

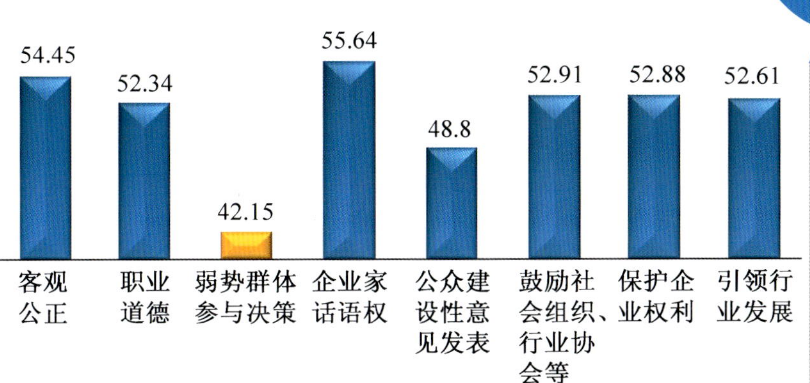

图33 包容力下各项元素得分(*N*=328)

5. 民营企业在政策和市场准入上面临不公

问及企业发展遇到的不公平，企业家认为目前政策和市场准入最为不公(见图34)，这两项皆为政府主导因素。这要求政府职能从提供“有形公共产品”转变到提供“无形公共产品”，即从提供城市发展的基础设施的硬件，如公路、桥梁，转型升级到提供城市发展的软件，如规则、政策和制度。

有形公共产品

无形公共产品

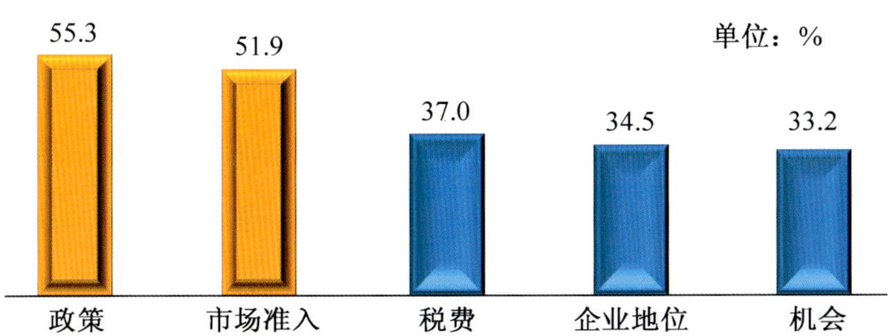

注：本项为多选题(限选三项)，所有应答率之和大于100%。

图34 民营企业面临最大的不公平(*N*=325)

市场进入的难易程度是衡量民营企业发展环境好坏的重要标志。在中国，民营经济在市场准入上有一个从被“允许”到逐步扩大的过程，但是一些行业的制度性障碍还没有从根本上排除。即使在已经开放的领域，非制度性因素障碍依然存在，民营企业难以进入。

在税收上，民营企业负担沉重。在社会地位上，民营企业与国企、央企相比地位偏低。在市场机会上，民营企业也遭遇机会不均等和不公平的障碍。

四、附　录
APPENDIX

1. 受访者职位分布

此次调查的对象69.3%为民营企业董事长、总经理、总裁，其他均为副董事长、副总裁、副总经理等企业高层管理者(见图35)。

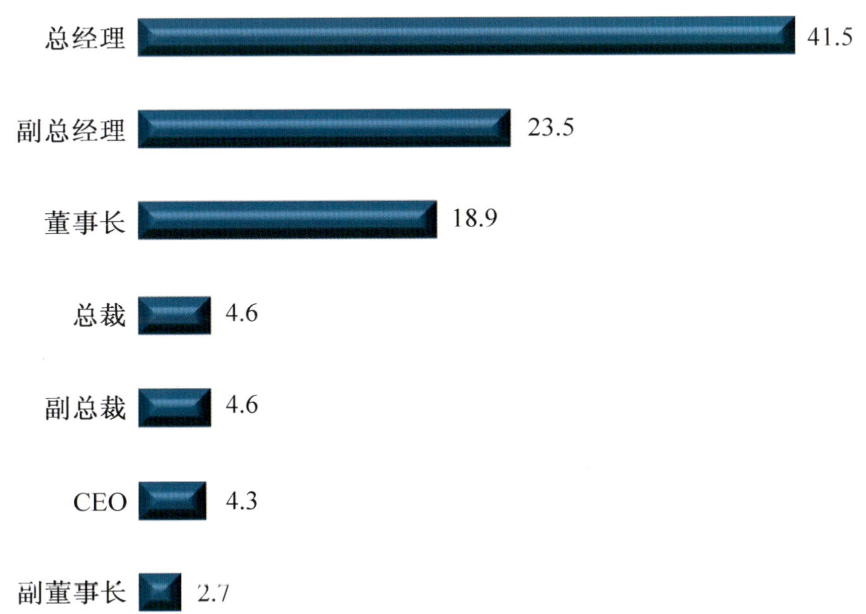

图35　受访者职位公布(N=328)

2. 受访者年龄分布

31～50岁的受访者占总体的84.2%，36～45岁之间占总体的56.2%，属于社会中坚力量的中青年人群（见图36）。

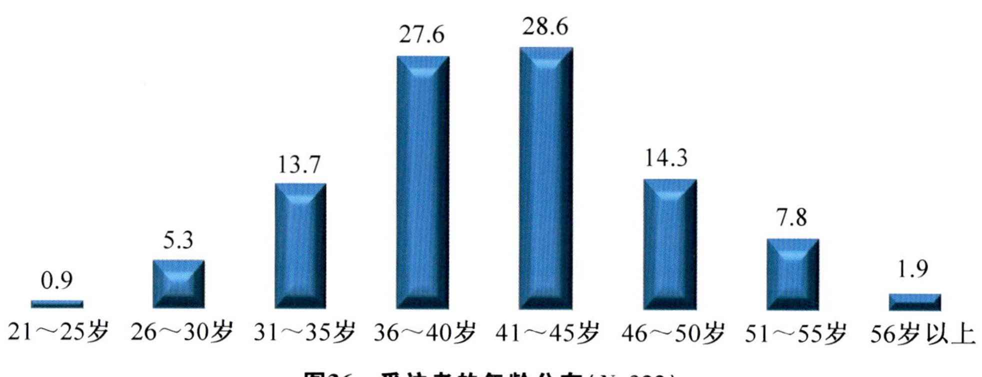

图36　受访者的年龄分布（N=322）

3. 受访者文化程度分布

73.2%的受访者拥有大学本科及以上学历，研究生及以上高学历群体占总体的30.8%（见图37）。

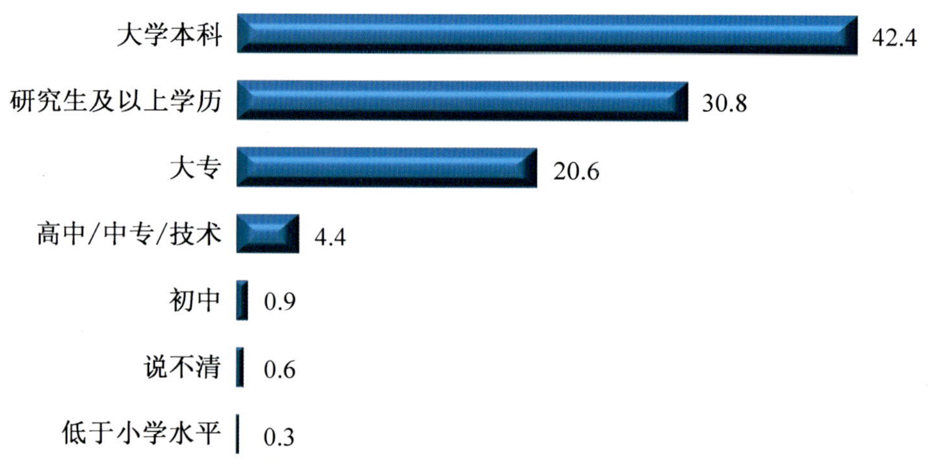

图37　受访者的文化程度（N=321）

4. 受访者的行业分布

受访者所从事行业涉及我国全部18大行业，建筑业、制造业等实业类占总数的36.2%，卫生和社会工作、房地产业、批发和零售业、文化体育和娱乐业、金融业、IT等信息技术服务业均有涉及（见图38）。

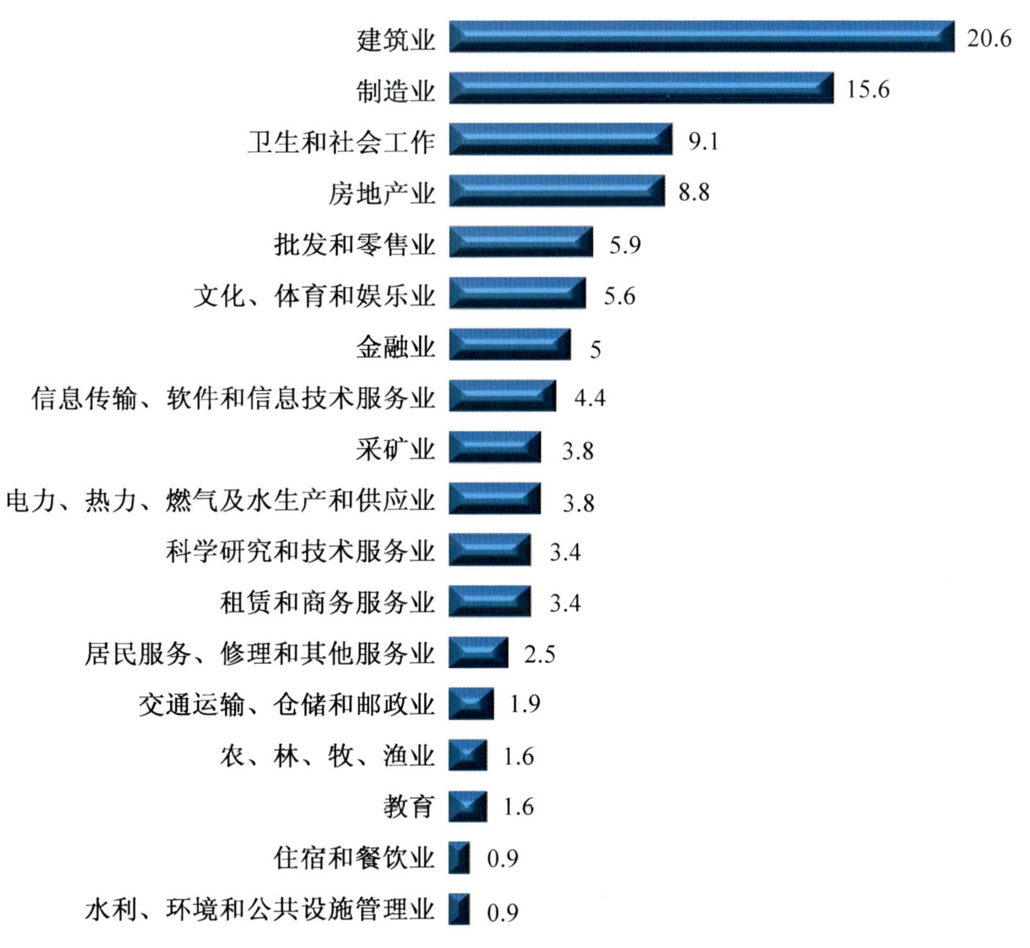

图38　受访者的行业分布（N=320）

5. 受访企业成立的时间分布

在所有受访者中，其所在企业成立10年以上的占总体的46.4%，6～10年企业和5年以下企业分别占30.7%和25.9%（见图39）。

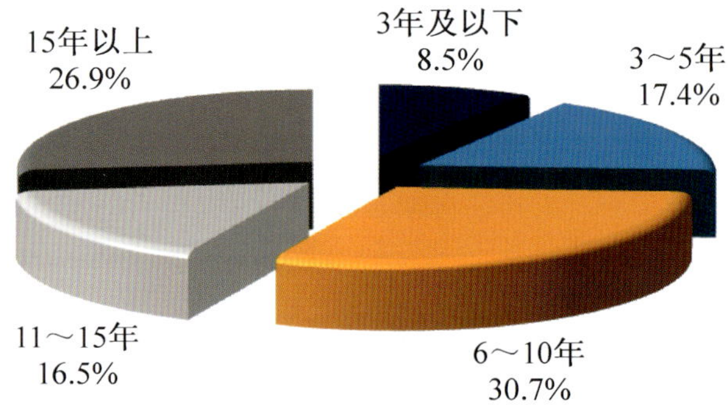

图39　受访企业成立时间（N=316）

6. 受访企业的规模分布

受访者企业规模涵盖微型、小型、中型、大型等各类企业，各规模企业样本分布较为平均（见图40）。

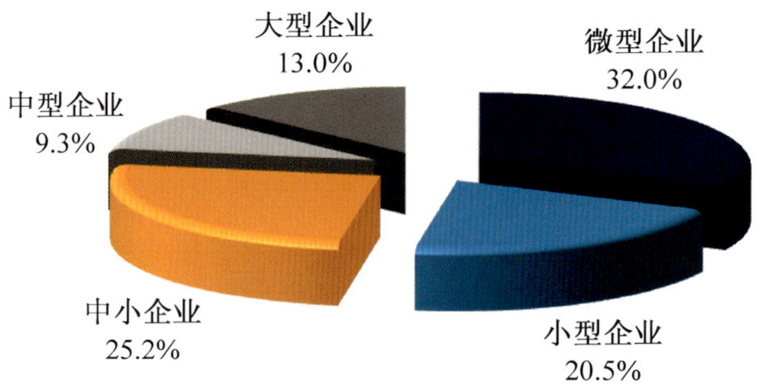

图40　受访企业规模分布（N=322）

后　记
AFTERWORDS

“2012中国企业健康指数研究”项目从2012年年初启动，历时两个半月。在项目研究中得到了多位专家、社会机构以及企业家的支持和帮助，特别感谢友成企业家扶贫基金会常务副理事长汤敏博士、三达国际集团董事长蓝伟光博士、维信电子有限公司亚洲区CFO钱自严、宝丽雅董事长叶中平、北京仁达方略企业管理咨询公司董事长王吉鹏、北京市长城企业战略研究所武文生、中国社科院经济研究所研究员韩孟、财经国家周刊常务副总编吴亮等对指标体系的指点，也感谢浙江大学管理学院全体领导班子成员对指标体系所给予的宝贵意见，以及对项目进程和报告质量所进行的严格把关。

在项目的执行过程中，上海交通大学海外教育学院、西南交通大学和浙江大学管理学院、广东番禺市政府科信局崔颖、江苏盐城市人才中心主任丁桂林、中寰创世营销策划公司总经理胡志辉、颐年康盛总裁宋海峰、西安曲江文化旅游（集团）有限公司副总经理杨婧等在民营企业家的甄选和访问上，给予了大力的支持和帮助，在此表达诚挚的谢意。

同时，也要特别感谢接受项目深访和问卷调查的328名民营企业家，您们对事业的热忱和对健康的关注深深地感动了我们。这次研究的对象以中国的民营企业为主，计划于2013年将国企纳入研究对象，2014年将跨国公司纳入研究对象，力图对中国企业健康指数做到更加全面的评估和对比研究，使指标体系的设计和健康指数的评估也随之更趋完善。

最后要特别感谢零点前进策略公司的研究团队，包括林岚、邹静、李冰、张芃等，正是你们的辛勤付出，这份研究报告才得以出炉！感谢浙江大学出版社的鼎力支持，特别感谢樊晓燕编辑的认真负责和积极主动的建设性责任编辑工作！

诚挚地感谢社会各界对中国企业健康发展的深切关注，衷心欢迎社会各界献计献策为中国未来发展的健康力量共同努力！